Eberhard Bechtle

DIE UMGEBUNG DER WELT

MIKROGESCHICHTEN

Herausgegeben und mit einem Nachwort
von Bettina Augustin

NEUE TEXTE

Golden Luft Verlag

Die Umgebung der Welt

Die Umgebung der Welt ist quadratisch. Er hatte sich lange überlegt, ob er nicht einen Kreis machen sollte. Aber dann wurde es doch ein Quadrat. Und es war gut.

Astronauten berichten nun von einer seltsamen Schraffur, die sie am Ende jeder Umlaufbahn wahrzunehmen meinen. Diese Tatsache hat man lange genug verschwiegen. Wohlweislich, denn was hätte man auf der Welt von diesem Wissen gehabt? Die Rundung der Erde ermöglichte so manche Neuerung. Schiffahrt, Eisenbahn, die Entdeckung der Kontinente, ja selbst Flugzeuge und Raketen. Auch die Natur kann auf Rundungen nicht verzichten. Wir wissen alle, was damit gemeint ist. Unsere alltägliche Erfahrung bringt uns dergleichen Beispiele zur Genüge. Dennoch. Erschreckend viele Dinge sind quadratisch, und auch ohne sie wäre das menschliche Dasein, wo nicht unmöglich, so doch schwer zu ertragen. Es gibt Würfel. Verkürzen wir jeweils zwei gegenüberliegende Seiten, so ergibt sich daraus die variable Form mannigfacher Gegenstände und Dinge. Häuser, Tische, praktisch verpackte Eßwaren, Putzschwämme, Computerspiele und dergleichen mehr, ganz zu schweigen von dem rechtwinkligen Grundriß, der dem überwältigenden Teil des menschlichen Lebens zugrunde liegt. Der Natur all dieser praktischen Formen haftet jedoch ein schrecklicher Aspekt an. Gnadenlose Endlichkeit.

Das mißratene Märchen

Es war einmal eine Stadt, in der war alles verkehrt. Die Männer trugen lange Röcke, die Frauen einen Bart. Die Frauen mußten oft husten, weil sie die Zigarren falsch rauchten, die Männer fielen nicht selten auf die Nase, weil sich ihre Arme in den Röcken verheddert hatten. Die Häuser, in denen solche Menschen wohnten, konnten natürlich keine grauen, aus Beton errichteten Klötze sein. Wo wäre sonst das Verkehrte gewesen? Nein. Sie waren aus nichts Fragwürdigerem als aus Kartoffelbrei. Sie wackelten sehr, und man konnte die Straßen nicht einmal auf Zehenspitzen betreten. An ein wütendes Mit-der-Türe-Schlagen war in solchen Häusern jedenfalls nicht zu denken. Sie wären augenblicklich zusammengesackt. Und die Bewohner mußten zur Strafe den Brei essen. Es kam oft genug vor. Jeder gab daher acht, sich nicht allzu rasch zu bewegen. Die Straßen waren aus feinstem, gehobeltem Tannenholz, das, mit hellbraunem Bienenwachs verfugt, einen frischen Geruch nach Wald in den Straßen verbreitete. Autos? Autos gab es keine. In diesen Straßen zogen die Menschen das Gehen vor. Man ging lieber fünf Stunden auf dem Tannenholz, als daß man auch nur eine Minute in einem Fahrzeug den Sitzmuskel benutzt hätte. Ach ja, ehe ich es vergesse, da in dieser Stadt alles verkehrt war, ging man nicht auf den Füßen, sondern mit den Händen. So war das Promenieren auf dem gehobelten und mit Wachs behandelten Holz besonders angenehm. Nun dürfte es niemanden mehr verwundern, wenn ich behaupte, daß die Straßen bei Tag und Nacht mit Scharen von spazierenden Menschen bevölkert waren. Wen hätte es stören können? Man ging auf den Handflächen so leise, daß jeder, der schlafen wollte, dies getrost konnte. Zudem waren in dieser Haltung übles Geschrei und Mißbrauch von Alkohol schlecht möglich, und der Brei dämpfte den letzten Rest ungehörigen Lärms. Es war also mucksmäuschenstill. Es war eigentlich zu still, wenn ich es mir recht überlege. Und in all dem häßlichen Brei fühlte man sich trostlos, verloren, wie beerdigt. Es gab ein allgemeines

Redeverbot. Eine Geräuschpolizei. Wer lachte, dem wurden die Nasenlöcher mit Brei verklebt. Das war abscheulich und grauenhaft. Sogar ein Ministerium für Ruhe und Ordnung hatte man errichtet. Nein. Das gefällt mir nicht. Nur schnell ein Ende. Eines Tages geschah etwas Ungewöhnliches. Ein Mensch kam mit klobigen Stiefeln zur Stadt herein. Taramm, taramm machten die Sohlen und tock, tock, tock polterten die Absätze. Die Füße dieses Menschen waren zwei Meter groß, und er trat allen auf die weißen, gutgepflegten Hände. Das gab ein Geschrei! Die Minister hielten sich die Ohren zu. Ruhe! Ruhe!, rief der Präsident, der soeben aufgewacht war. Vergeblich. Die Menschen purzelten übereinander. Von dem Getöse stürzten die Kartoffelbreihäuser ein, und so kommt es immer anders, als man denkt.

Die Sage von den abgeschnittenen Ohren

Eine Geschichte, die ich einmal erzählt habe, ging so: Es war einmal ein Mann, der lebte in der Zukunft. Die Zukunft war ein Ort, weit entfernt von der Erde, wo diese erst noch hinkommen muß, und der Mann hieß Franz Ferdinand Ferdibald. Der hatte eine seltsame Angewohnheit. Er legte sich auf den Rücken, und das mitten auf der Straße. Die Städte der Zukunft hatten nämlich außer einem grünen Himmel nichts anderes als eintönige Mauern. Daher lag er oft auf dem Rücken und schaute nach oben.

Eines Tages war auch der Himmel zu. Man hatte ihn weggeschraubt. Nun konnte sich der Held der Geschichte auch nicht mehr auf den Rücken legen. Warum die Geschichte allerdings Die Sage von den abgeschnittenen Ohren heißt, ist mir leider entfallen. Da müssen wir alle warten, bis die Erde in die Zukunft rollt.

Der ärgerliche Spaziergang

Ein Mann ging im Wald spazieren. Der Wald war dunkel und der Weg nicht viel weniger. Die Bäume standen dicht beisammen und schienen eine Wand zu bilden.

Plötzlich und ganz unvermutet sprangen drei Gestalten zwischen den Bäumen hervor. Sie sahen wie Könige aus. Der Mann zuckte erschrocken zusammen und wollte sich aus Ehrfurcht und Hochachtung bis zum Boden verneigen. Aber es waren gar keine Könige. Als seine Stirn die feuchte Erde des Weges berührte, fielen drei Masken vor seine Nase. Ein Mann, eine Frau und ein Huhn kamen zum Vorschein. Der Mann gab dem Erschrockenen einen Kuß. Die Frau lachte ihn aus. Das Huhn pickte ihm kräftig in den Fuß. Und so war der Spaziergang zu Ende.

Das Kunststück

Ein Mensch, um zu beweisen, daß der Magen samt Speiseröhre durchaus imstande wäre, entgegen den Gesetzen der Schwerkraft zu funktionieren, soll damit begonnen haben, auf dem Kopf stehend das Zusichnehmen von Speisen zu trainieren. Bald hätte er es fertig gebracht, mit blutunterlaufenen Augen und in der Luft zappelnden Beinen drei Schnitzel nebst einer beträchtlichen Flasche Weines in dieser unbequemen Lage zu vertilgen.

Daß man mit solch zweifelhaften Kunststücken auf der Welt berühmt werden kann, liegt auf der Hand.

Nun mußte er immer auf dem Kopf stehen und essen. Was soll ich tun?, klagte er einmal zwischen dem Schmatzen seiner Kauwerkzeuge und dem verzweifelten Würgen seiner Speiseröhre. Ich könnte aufhören. Aber dann würde mich niemand mehr bewundern.

Das war sein Schicksal. Und sicherlich hätte er bis zu seinem fernen Lebensende in dieser unangenehmen Position verharrt, hätte ihn nicht ein gütiger Mechanismus der Natur so dick werden lassen, daß er eines Tages von seinem bedrückten Kopf herabfiel, sich das Genick brach und augenblicklich daran verstarb.

Der dicke Mensch

Ein dicker Mensch war die Sensation auf dem Jahrmarkt. Seine Beine bestanden aus zwei Würfeln und seine Arme aus zwei Streichholzstäbchen. Aber der Rest. Oh. Der war so ungeheuer. So unermeßlich. Zwei Elefanten hätten in dem Bauchnabel Platz gefunden und im Magen eine ganze Rinderherde. Die Brust glich den großen, durchhängenden Tränensäcken eines zur Erde gestürzten Engels. Der Kopf, nebenbei, war eine Zipfelmütze mit zwei Knöpfen.

Hermann Unger hieß dieser Mensch. Er fraß alles, was ihm in den Weg kam. Man sagte, sogar kleine Kinder. Das erhöhte seinen Schauwert. Man kam von fern. Man bezahlte gerne, um ihn zu sehen.

Hermann Unger trank eine Flasche Bier, und man schrie Bravo. Hermann Unger fraß ein Stück von einer Landkarte, und man applaudierte. Am Ende der Schau schluckte er die ganze Welt und stocherte mit einer glühenden Eisenstange zwischen den Zähnen. Aber da war auch niemand mehr, um ihm zu applaudieren.

Das Kind

Das Kind saß am Straßenrand und spielte. Es war klein, und die Welt schien groß. Die Sonne blitzte, träge blinzelte das Kind gegen das Licht. Feine, hohlwangige Gestalten schwebten vorüber und bliesen bläulichen Zigarettenrauch aus der Nase. Sie kamen aus der Stadt. Wortfetzen flatterten an den dünnen Lippen. Das Kind hörte auf zu spielen. Es hatte zu staunen. Hüstelnde Münder und rührselig schnüpfelnde Nasen schwankten vorbei, manche Träne fiel zu Boden, und einiges Gelächter durchschnitt die Luft.

Das Kind träumte von der Stadt. Auf den Straßen lagen zerquetschte Katzen. In dunklen Ecken saß man und trank. Dreimal am Tag mußte man sich die Nase putzen. Um die Ohren wackelten mechanische Geräusche. Man sprang übereinander her, steckte sich die Zunge in den Rachen oder ein Messer in die Brust.

Das Kind erwachte. Die Welt schien kleiner geworden. Es selbst größer oder gar erwachsen.

Das garstige Kind

Ein böses, garstiges Kind hatte etwas verbrochen. Was, das ist hier nicht von Belang. Es genügt zu wissen, daß es die gerechte Strafe der Eltern nur allzusehr fürchtete, so sehr, daß es sich schließlich an den lieben Gott wandte. Lieber Gott. Bat es in seiner Verzweiflung. Bitte, ich will so klein werden, daß ich mich im allerwinzigsten Winkel der Erde verkriechen kann!

Schnurstracks schnurrte das ohnehin schon winzige Kind zusammen. Sein Hemd flatterte in der Luft, und wie ein juckendes Staubkörnchen fiel es durch die Röhre eines Hosenbeines. Hurtig eilte es über den weitgewordenen Fußboden. Wo bist du nur? Wo bist du nur?, riefen die Eltern. Aber das Kind hatte sich schon längst in der hintersten Ecke der Stube verkrochen. Immer tiefer drang es in diese kleine Welt ein, bis es sich endlich ganz alleine fühlte und sich zum ersten Mal in seinem Leben freute.

Unglücklicherweise wohnte aber gerade in dieser Ecke eine Ameise. Das Kind erblickte sie und wurde fuchsteufelswild. Wenn ich schon nirgends richtig allein sein kann, rief es mit zornesrotem Gesicht, dann will ich auch wieder größer werden! Dabei stampfte es ein paarmal auf den Boden.

Der Doppelkopf

Ein Mensch, einer von diesen vielen Hungerleidern, stand auf. Es war schon nicht mehr ganz Morgen, als er in seine Schuhe schlüpfte. So weit, so gut. Auf der Straße aber geschahen dann Dinge, die sehr merkwürdig waren. Die Fußgänger zum Beispiel hielten an. Mit einem Gesicht. Na ja. Es sah eben so aus.

Habe ich mich nicht rasiert?, mußte er sich zwangsweise überlegen. Wie gewohnt hüpfte er über die Straße. Aber das Blechgewitter hörte augenblicklich auf, bildete eine freundliche, ruhige Gasse, eigens für ihn, und er schlenderte gemütlich pfeifend hinüber. Verwundert eilte er weiter. Er kam an einer Menschenansammlung vorbei. Diese teilte sich, und Köpfe neigten sich ihm entgegen. Freundlichkeit! Jemand steckte ihm einen Geldschein in die Tasche. Ein anderer gab ihm von seinem Brathähnchen einen tropfenden Schlegel. Hände kamen ihm tastend und greifend entgegen. Sein Name wurde gerufen, Papiere ihm entgegengehalten, mit seinem Gesicht. So viel Freundlichkeit war schwer zu ertragen.

War es das? In Wirklichkeit war es sowieso anders. Die Fußgänger waren nur empört, weil er so schnell aus dem Haus gestürzt. Und auf der Straße mußte er öfters zur Seite springen, um nicht totgefahren zu werden. Es wurde ihm an diesem Tag sogar mehrere Male auf die Zehen getreten. Damit ging glücklicherweise alles seinen gewohnten Gang.

Zukowitsch

Der Zukowitsch! Die Mieter treffen sich im Treppenaufgang. Tüten werden abgestellt. Die Köpfe geschüttelt. Ja, der Zukowitsch. Nicht allein, daß man in so einem Haus wohnt, die Toilette mit jemandem teilen muß, den man nicht mag, daß einem das ganze Elend ohnedies bis zum Halse und zu den Ohren steht und man allem am liebsten nur noch den breiten, gleichgültigen Rücken kehrte. Man muß es sich auch noch anhören. Im gesamten Hinterhof. Wenn man auf dem Abort sitzt oder in der Stube, die Treppen hinabsteigt oder nach Hause kommt, immer und überall ist der Zukowitsch. Bis vor kurzem hat er sich noch rasiert. Das macht er nicht mehr. Kein Finger wird gekrümmt. Man schaue sich die Gardinen an. Als wäre so ein Hof nicht traurig genug. Und wieder beunruhigt er das ganze Haus. Was macht er denn? Er spielt Ziehharmonika. Oder er übt. Aber wie schlecht. Wie schlecht. Man ahnt, was mit so einem los ist, und fragt sich leise: Wann bringt er sich endlich um?

Der Traum der Kröte

Die Kröte träumte, sie wäre ein Mensch. Das war komisch. Sie träumte, sie hätte spitze Ohren und eine schwarze Nase, die bis zu den Kniekehlen reichte. Ach, der Kopf war viel zu groß und die Beine zu kurz! Der Körper glich dem eines Mopses, was selbst für den Traum einer Kröte sehr außergewöhnlich ist, und auf der Stirn, oh Lächerlichkeit!, trug sie einen Hut, der doppelt so hoch wie das gesamte Krötenmenschlein war. Im ganzen gesehen, reichte es nicht einmal über ein Gartentor. Das war weniger komisch. Schnell wachte sie wieder auf. So ein Dreck, quakte sie. Was man auch alles träumt.

Eine seltsame Geschichte

Eine seltsame Geschichte der Griechen ist die von Pygmalion. Pygmalion war ein netter junger Mann. Eines Tages beschloß er, Künstler zu werden, und er war von da an nur noch mürrisch und verdrossen. Es ist aber auch möglich, daß er das schon vorher war und dann erst, lange danach, beschlossen hat, ein Künstler zu werden. Wie gesagt, es ist eine seltsame Geschichte.

Nun, er riegelte sich in sein Zimmer ein und begann zu arbeiten. Das Kunstwerk entstand, und als es fertig war, da war es ein Mensch, gar lieblich und hold.

Was aber war mit Pygmalion? So schön nun sein Werk, so häßlich war er geworden.

Ein paar ehrenwerte Damen kamen, um bei Pygmalion vorbeizuschauen. Wie entzückt waren sie beim Anblick des wunderschönen Wesens und wie entsetzt beim Anblick des ekligen, widerwärtigen, abgrundtief häßlichen Frosches. Noch entsetzter waren sie allerdings, daß dieses Ungeheuer auf dem so unschuldigen Geschöpf hockte.

Da rafften die Damen ihre Röcke, denn die Musen waren arge Putzweiber geworden, steckten sich die Haare hoch und jagten das Krokodil, das sie für Pygmalion hielten, zum Nil hinaus.

Aber den Nil gibt es doch gar nicht in Griechenland? Da sieht man, wie seltsam diese Geschichte ist, am besten, wir vergessen sie gleich wieder.

Kurze Geschichte einer Erlösung

Es war einmal ein Mann, der hatte seit etwa dreißig Jahren das Sonnenlicht nicht mehr gesehen. Warum, das wußte niemand. Der Mann jedenfalls ärgerte sich, und kaum war ein Tag dieser dreißig Jahre vergangen, an dem er einmal nicht geseufzt, ja sich bitter über sein Schicksal beklagt hätte.

Seit geraumer Zeit über die Menschen vergrämt, entschloß sich der liebe Gott, wieder ein Wunder zu tun. Vielleicht wollte er auch nur andeuten, daß es ihn zur Not auch noch gäbe. Es kam der Tag, da der Mann wieder sah, und das erste war das Sonnenlicht.

Freute er sich? Nein. Er klagte, das Licht blende ihn zu sehr. So ist das mit den undankbaren Menschen.

Der schlechte Seher

Der Seher ging durch die Straßen. Alles lachte. Ich bin der Seher. Und seine Schritte trugen einen schmalen Schatten die Häuser entlang. Ja was siehst du denn? Ja was siehst du denn?, riefen die Menschen. Alles. Alles. Schrie der Seher, und sein Schatten gab der Mauer einen Tritt.

Schließlich wurde es Sylvester, und der Seher lief noch immer umher. Seher! Seher!, frotzelten die Erwachsenen. Und die Kinder spuckten ihm hinterher. Sag, was bringt das neue Jahr? Der Seher schwieg. Dann sagte er trocken: den Untergang. Über so eine Antwort konnte man nur lachen. Erstens, weil jedermann auf den Untergang gefaßt war, zweitens bedarf es zu so einer Vorhersage überhaupt keines besonderen Talentes, und drittens glaubte man deshalb auch gar nicht mehr daran. Der Seher bekam eine hohe Zipfelmütze verpaßt und eine schnapsrote Nase. Eine Schelle klingelte jämmerlich um seinen Hals, und große Schuhe, über die er beständig stolperte, zierten seine Füße.

Als das Jahr vorüber war, war die Welt noch immer nicht untergegangen, und der Seher mußte sein Versagen einsehen. Vor Scham starb er. Nichts habe ich gesehen, nichts. Schimpfte er kurz vor seinem Tod. Man sollte jedoch nie auf sich selbst schimpfen.

Zwei Jahre später ging die Welt tatsächlich unter. Zu spät für den Seher. Zu spät für eine Vorhersage. Obwohl manche meinten, daß der Untergang nie zu spät kommen könne.

Der Riese im Norden

Im Norden hinter dem Gebirge, das wußte man, schlief ein Riese. Jeder sprach davon. Ja, ein Riese. Und wenn er erst einmal aufwachen würde, dann ... Man spekulierte oft und gern, was ein Riese anstellen würde, wenn er erst einmal erwachte. Nichts. Nichts. Meinten die einen. Was soll ein Riese schon tun? Er ist viel zu groß für die Welt. Er wird seine schweren, riesenhaften Lider öffnen, und sein Blick wird in unermeßliche Tiefen auf seinen Bauchnabel sinken und dort verharren. Meinten die anderen. Oder aber er gähnt und es wird einen Sturm geben. Oder er grubelt sich mit dem linken Zeigefinger im Ohr und das Gebirge stürzt ein. Man konnte viel und lange spekulieren, solange der Riese tatsächlich schlief. Eines Tages wachte er aber auf. Ein paar schmerzhafte Blähungen hatten ihn gequält. Nun reckte und streckte er sich und schrie wütend ins All. Was hatte er? Unlust erwachte, ja Unmut gegen seine Mutter, überhaupt auf der Welt zu sein? Nachdem er ein halbes Jahr mit Krakeelen und üblen Verwünschungen, von Anfällen giftigster Blähsucht begleitet, verbracht hatte und die Menschen verwirrt hin- und herliefen oder auch starben, nachdem die Spekulationen über das Wesen der Riesenhaftigkeit angesichts dieses stänkernden und brüllenden Etwas sich in Luft aufgelöst hatten, siehe, da war auch der Riese nicht mehr. Und nichts blieb als ein kleiner, gewöhnlicher Zwerg, der nur mit Mühe über einen Stein schaute. Es wird vermutet, daß er inzwischen von den Ameisen verzehrt worden ist.

Kurze Biographie einer Riesin

Glas füllte die Lider. Beim Blick in die Ferne, der die Gegebenheiten so himmelhoch überragte. Alles um sie geriet ins Kleine. Weil sie so groß war. In der Tat überragte sie dreiundzwanzig Gebirgsketten, mehrere Hauptstädte und mindestens fünfeinhalb Imperien. Stattliche Zahlen, die allerdings ihre Bekümmernis ins Unermeßliche trieben. Daher ein gut Teil des Ausmaßes ihres romantischen Gemütes. Sie wandte sich von der Veranda und blickte zurück ins Innere. Direkt auf ihre Geburt. Gebleichtes Leinen und Blut. Danach unaufhaltsames Wachstum der Welt, der Dinge um sie herum. Aber ins Kleine. Mama, sagte sie. Mama war eine kleine Gondel aus versilbertem Email, die auf Brusthöhe hing. Das ist Mama, sagte der Papa, und gab der Gondel einen Stups. Angesichts der Mama mußte ihre Größe verwundern. Papa selbst war weniger auffällig. In einer Stube des hinteren Teils des Hauses verborgen, kündigte ein Klappern und Ächzen sein Nahen. Er seufzte und stöhnte in einer langen, melancholischen Tönung. Selten sah sie ihn. Oft nur zum Mahl. Man traf sich in einem hellen, leicht überfüllten Raum. Willfährige Boten hatten serviert und sogleich sich ins Unsichtbare zurückgezogen. Papa klapperte mit dem Geschirr. Er aß wenig, und was er aß, fiel ihm meistens wieder aus dem Mund. Er nahm einen Schluck Wein und spuckte ihn auf den Teller. So groß war seine philosophische Abscheu. Daß er verdaute, schien ein Wunder, aber angesichts der fehlenden Kabinette ohne jeglichen Beweis. Es gab Wichtigeres. Papa redete wenig und wenn, nur in der dritten Person. Eine seiner Eigenarten war diese, die bis ins Unpersönlichste getriebene Redeweise. Davon war nicht viel zu halten. Es blieb bei ein, zwei Andeutungen, die den Ablauf der Zeit markierten. Danach erhob er sich unter Klappern und Flügelrauschen und stolzierte in die Unerreichbarkeit seiner Studien davon. Kind, Kind murmelnd. Sie, die Riesin, wunderte sich nicht viel. Ihre Nase hatte die Größe eines Turmes. Aber manchmal, in Momenten der Trauer, hätte ihrem Wesen der Schatten eines Schneckenhauses gereicht. So kam es ihr vor. Gespenster jagten durch ihr Gehirn. Die große Angst vor der Höhe, die sie wegen ihrer alles überragenden Größe befiel, beschränkte den Atem. Die Aufnahme von Luft. Lieblingsspielzeug waren und blieben einfache kubische Formen. Oder auch Formen von geometrischem Grundriß, die auf der zweiten Ebene in größter Unregelmäßigkeit auswuchsen. Da sie die meiste Zeit auf der Veranda stand und den Blick entgleiten ließ, gebrauchte sie diese Ablenkung nicht oft. Sie versenkte sich in das Außen und schwieg. Oft sagte sie: Ich bin eine Riesin. Dann streifte ihr Blick einen Stern und es wurde Nacht. Beinahe hätte sie sich wie eine Königin gefühlt. Allein, ihrem Gefühl fehlte das Unten. Der Himmel war zu haltlos zur Residenz. Papa klapperte zwischen seinen Büchern. Die Mutter schimmerte mild in ihrer Gondel. Sie lehnte sich noch weiter hinaus. Sie schwieg. Wirklich. Denn im Augenblick betrachtete sie nichts als ihr Gesicht.

Der Plan

Nichts. Tage, an denen es aussteht. Nichts. Planloses Schweifen. Der Gedanken. Der Blicke. Auf der Suche nach einem Zentrum. Einem Punkt. Es tut not, etwas zu erfinden. Wozu? Zu nichts. Zur Überblendung. Etwas entwickeln. Eine neuartige, einzigartige Idee. Keine Übertreibung. Dafür gründlich. Unaufhebbar. Grundlos. Das wäre es. Das wäre etwas. Etwas sollte sein. Unumstößlich. Unauffällig und darum unwiderruflich. Nur was? Irgendwas. Es müßte kommen. Von ganz alleine. Sich aufdrängen. Ins Blickfeld geraten. Rollen. Lautlos sich auf einen zubewegen. Genau das. Wenn es rollen könnte. Das wäre schon einiges. Ein Stift. Ein Ball. Irgendwas. Etwas. Das wäre es. Eine Tasse. Ein Spiegel. Zerknülltes Papier. Zu harmlos. Zu kompliziert. Leicht metaphysisch. Es darf nicht langweilen. Man darf nicht zuerst Interesse gewinnen und es dann enttäuscht gegen Langeweile eintauschen. Nicht das. Nur nicht. Etwas, das unmöglich existierte? Nein. Unmöglich. Woher nehmen und nicht stehlen? Also doch etwas Harmloses. Etwas, dessen Harmlosigkeit auf den ersten Blick erkenntlich wird. Sehr genau und gut. Vielleicht ein Haar? Oder ein Stück ausgebrochener Zahn? Nicht schlecht, aber auch nicht besonders gut. Gar nicht. Zu organisch. Organisches gilt es zu vermeiden. Der Charakter wäre von vornherein in Zweideutigkeiten festgelegt. Oder eine Garnrolle? Eine Garnrolle wäre nicht übel. Manch einer bräche bei einer Garnrolle in berstendes Gelächter aus. Aber. Halt. Dabei dürfte es nicht bleiben. Eine Garnrolle als Witz. Wo führte das hin? Nirgendwohin. Jedenfalls nicht weit. Kurzes Gelächter. Dann wieder Schweigen. Was wäre gewonnen? Nichts. Dazu hätte man eine Garnrolle nicht nötig. Das ginge auch mit anderem. Mit einem Gepäckschein zum Beispiel. Oder, ganz absurd, mit einem Kreuz, einer Hostie. Ja, schon eher einer Hostie. Die Hostie rollt. Genug. Eine Garnrolle genügt. Nach längerem Überlegen stellt sich die Garnrolle immer wieder als das beste heraus. Allein. Für sich. Zugegeben. Schon etwas. Aber nicht genug. Nicht für sich. Eine Garnrolle allein genügt nicht. Vielleicht als Symbol. Geliebt von jedermann. Etwas, womit sich Größe und Weite und, ja, warum nicht, Unsterblichkeit vereinen. Warum nicht? Ein Symbol ist immer gut. Eine Garnrolle als Symbol, das wäre die Garnrolle allein natürlich nicht. Aber jedermann liebt Symbole. Und eine Garnrolle als Symbol allemal. Es kostet fast nichts. Jeder kann sie sehen. Und, was noch wichtiger ist, jeder kann sie haben. Auf die Straße gehen. Ein Geschäft betreten. Unter unglücklichen Umständen sogar einen Supermarkt und dann mit demütigem Blick und gesenkter Stimme fragen: Ich bitte Sie, hätten Sie die Freundlichkeit und Güte? Was kostet eine Garnrolle momentan? Denn nichts außer dem Tod ist umsonst. Über den Preis der Garnrollen indes könnte man sich jegliche Diskussion ersparen. Die Frage wäre noch wie. An der Idee sollte unter allen Umständen festgehalten werden. Garnrolle. Schon das Wort klingt sympathisch. Durchaus. Aber die sachliche Bearbeitung. Begründung. Zeremonie. Vielleicht sogar Ritual. Zu all dem braucht es einen Plan. Einen Plan von Meisterhand. Ohne diesen Plan wäre die Idee gänzlich ohne Wirkung. Und die Garnrolle somit bedeutungslos. Ohne Plan bliebe außer der Garnrolle nichts. Und das wäre zu wenig. Die Garnrolle steht demnach nur als Anfang, als Doppelpunkt sozusagen, zu einem Plan. Oder an dessen Ende. Das bleibt eine Frage des Standpunkts. Wäre dies eine Bedeutungsfrage? Wohl kaum. Denn Anfang und Ende kann man kaum Bedeutung beimessen. Eher schon dem Zentrum. Dem Zentrum des Plans. Oder des Gedankens. Wo immer das auch sei. Natürlich. Nach einigem Überlegen wäre auch dies zu kurz gegriffen. Viel zu kurz. Als hätte man geistig nicht einen langen Arm. Erbärmlich. Wirklich. Aber die Meisterhand. Da ist sie! Das ganze Ausmaß der Bedeutung. Die Meisterhand. Da liegt der Hase begraben. Oder die Garnrolle. Sozusagen. Die Garnrolle als Hase liegt in der Meisterhand begraben. Sehr komisch. Es wird noch komischer. Zurück zum Plan. Der Plan wäre selbstredend das wichtigste. Nur der Plan. Weder Anfang noch Ende noch irgend ein Zentrum, sondern der Plan, einzig und allein der Plan, der den Hintergrund der Garnrolle abdeckt, darüber lohnt es sich zu reden. Alles andere, selbst die Garnrolle. Darüber könnte man schweigen. Hinzu kommt, er wäre durchsichtig. Oder noch besser unsichtbar. Man sähe also nichts als die Garnrolle und könnte über das Unsichtbare spekulieren. Ein wunderbarer Plan. An dem nichts als eine Garnrolle, gewissermaßen das Produkt seiner Unsichtbarkeit, winkt. Eine gute Idee. Das Schweigen im Sichtbaren und die Beredsamkeit des Dahinter. Was für eine Idee. Eine Garnrolle mit Plan, den man nicht sieht. Daran wäre zu arbeiten. Das ist etwas. Am Plan zur Ausarbeitung eines Plans zur Sichtbarmachung einer Garnrolle und ihres Dahinter. Der erste Schritt. Aber werde ich nach all dem die Garnrolle noch finden? Keine Widerrede. Keine unnötigen Reflexionen. Bevor ich es vergessen habe. An die Arbeit!

Über die Menschen

Die Menschen sind etwas Komisches. Sie machen froh und traurig zugleich. Ohne ihre vielen Gesichter wären die Straßen leer. Und die Nächte ganz ohne Menschen, das wird jeder zugeben, das wäre nichts. Es gibt sie also, und mit dieser Tatsache kommt man tagtäglich zusammen. Die einen davon werden heiß geküßt, die anderen gehaßt und die dritten stillschweigend übergangen. Wie das so ist. Es gibt große Menschen und kleine, dicke und dünne, und der Vielzahl der Gestalt entspricht die Weite der seelischen Landschaft. Aber nein, die Seele, keine falschen Trennungen vom Fleisch, das gibt es nicht. Was wäre über die Menschen noch zu sagen? Manche lachen, manche nicht. Manche schreien, andere speien. Die einen essen billige Süßigkeiten, die anderen salzige Heringe. Manche berauschen sich an Drogen, manche an der frischen Frühlingsluft. Wir haben sie immer um uns. Manche wollen sich töten, andere am liebsten die ganze Welt. Es gibt solche, die leidenschaftliche Autofahrer sind, und andere treffen wir stets nur zu Fuß. Abende schimmern, Morgende gleißen. Immer Menschen. Wir lieben die Menschen. Ja, lieben müssen wir sie. Ihren Kummer. Die grause Not. Das stolze Lachen. Das mutige oder ängstliche Hineinmarschieren in die Zukunft. All der Optimismus und die Angst. Die leeren Stellen, die sie in unserem Gesicht hinterlassen. Genug. Manchmal sind einem die Menschen auch herzlich gleich. Dann trinkt man ein Bier, ißt eine Wurst und geht schlafen. Gute Nacht!

Über die Armbanduhr

Wie schön es doch ist, eine Uhr zu haben. Sie muß ja nicht stimmen. Nein, sie muß nicht einmal richtig funktionieren. Jedoch ein wenig sollten sich die Zeiger bewegen, denn, wie peinlich wäre es, wenn wir zufällig einem Passanten zu verschiedenen Zeiten dieselbe Zeit sagten! Wir wären für den Rest unseres Lebens liederlich, ja unglaubwürdig geworden. Um dies zu vermeiden, muß man immer heimlich ein wenig an den Zeigern schrauben und drehen. So hat man die beruhigende Gewißheit eines modernen Menschen, wenigstens in dieser Hinsicht stets eine Antwort geben zu können, wenn auch nicht eine allzu genaue, so doch gewiß eine, und mehr braucht man ja auch nicht für das Leben, und was ich noch sagen wollte, wer eine Uhr hat, und ginge sie auch noch so langsam, ja, mag sogar sein, daß sie rückwärts geht, es wird ihn doch nicht das Gefühl verlassen, sei es beruhigend oder beunruhigend, daß die Zeit auf irgendeine Weise vergeht.

Die Zeit

Es ist etwas Merkwürdiges mit der Zeit. Natürlich läge mir nichts ferner, als sie zu leugnen. Nein, mit einiger Überzeugung sogar glaube ich, daß es sie gibt. Das wäre auch nichts Merkwürdiges. Sie zu leugnen, sie zu bejahen, was änderte das? So oder so wird die Sonne irgendwo auf unserer Erde mit der gewohnten Pünktlichkeit untergehen. Etwas anderes beschäftigt mich. Seit einiger Zeit, und schon bin ich verraten, habe ich jegliches Gefühl für sie verloren. Ich schließe die Augen. Ich öffne sie. Und wie man so sagt. Sie ist vergangen. Die Zeit. So wie man bedenkenlos sagen kann, das Wasser aus dieser Pfütze ist vertrocknet. Die rote Kutsche fuhr vorüber. Aber die Zeit? Wie sollte sie vergehen? Sie ist doch immer da. Ob wir Zeit haben oder keine, das ist unser höchstpersönliches Problem. Tatsache ist, daß sie da ist und da bleibt, obwohl sie vergeht. Angesichts solcher Unsicherheit einer physikalischen Größe erlaube ich mir einen besonderen Luxus. Ich behaupte, nicht älter zu werden. Erstens, weil ich nicht älter werden will, und zweitens, weil das Alter nach der Zeit gemessen wird. Ich sollte mich von solch schäbigem Unbestand bestimmen lassen? Ich lächle, so wie es die Gesichter im Buch der Toten tun, denn in meinen Adern bin ich heimlich Ägypter, und kein Land dieser Erde, sei es nun Kanaan, sei es Amerika, könnte mich zu leichtsinnig sinnlosen Expeditionen verlocken. In mir knistert die alte Überlegenheit. Meine Denkmäler errichte ich nicht in der Zeit, sondern in jener Schatzkammer, die selbst eine Pyramide ist. Ich soll nun bald hundertundzwanzig werden? Was für eine Zahl! Sie steht auf meinem Sarkophag, während ich an dem großen Strom im Schatten sitze, Kaffee trinke und dem Rauch einer arabischen Zigarette in der blauen Wüstenluft nachschaue; und wenn mich niemand versteht und der eine oder andere verständnislos den Kopf schüttelt, so nur, weil heutzutage niemand mehr Ägyptisch spricht. Ich selbst werde mich hüten, irgend etwas von meinem Geheimnis zu verraten.

Im Hotel

Warum nur hatte man die Fenster zugemacht? Fragte man sich. Das war ein merkwürdiges Hotel. Durch die Gänge knallte der Wind mit den Türen. In der Hotelbar gab es trockene Drinks, und aus den Musikboxen brach eine stummgewordene Musik.

Unsichtbare Tanzpaare wogten in staubigen Schuhen über das durchsichtige Parkett, und ein klirrendes Lachen rollte die Decken entlang.

Es gab noch Etagenbäder, das sagenhafte Gelächter der Glücklichen von früher. Verschüttete Flüssigkeiten bildeten dunkle Flecken. Man konnte sich sogar noch gut an das zerstreute Knallen der Sektkorken erinnern.

Es war sowieso alles noch da. Silbernes Besteck, grau von der Zeit. Zerbrochenes Geschirr, über das nun Ungeziefer huschte. Was schreibe ich da? Ich selbst bin nie dort gewesen. Irgendwann wurden die Fenster verriegelt. Niemand ging mehr hinein oder hinaus.

Die Ruine

Man hätte sich beschweren können. Man hatte es vielleicht auch getan. Aber bitte, beschweren worüber? Und vor allem, bei wem? Zweifelsohne. Die Reise. Sie war angenehm. Der Weg, wie alles Vergangene, bis hierher nicht beschwerlich. Die Gesellschaft eine unterhaltsame Mischung. Über die Weite der Landschaft verteilt Türmchen mit bunten Fahnen und kleinen, kaum leserlichen Zahlen. Der erratende Blick übte sich wie gewohnt in Spekulation. Nichts Besonderes. Und das Wetter glich einem Transparent aus dem vorigen Jahrhundert. Ja. Eine hagere Dame seufzte und blickte in die Ferne. Man hätte schwärmen können. Aber die Perspektiven waren eingerollt. Lange Geraden, mit Ziel im Unsichtbaren, an den unpassendsten Stellen gekürzt. Das Unternehmen so ins Stocken geraten. Rast. Pause. Man wußte nicht, wozu. Man glaubte, hoffte, in der Aufregung, nur für kurz. Die Gespräche wollten daher, den Abbruch erwartend, nicht von der Stelle kommen. Man wand sich in Kreisen. Ein Blick, metaphysische Tiefe und dionysisches Blau, heftete sich an die Brust. Sehen Sie. Eine Sängerin. Nicht aus Beruf. Sondern Berufung. Paris, Rom, London lagen ihr zu Füßen. Mit der Eisenbahn ging es hin und her. Der Kontinent in seiner bezaubernden Kleinheit. Gewerkschaften wurden gebildet. Abonnements, die den Eintritt ermäßigten. Die Stimme. Höhen und Tiefen. Daß ich nicht mehr singen kann, liegt nicht an meiner Brust. Oder meinem Kehlkopf. Das Hindernis ist einzig und allein, daß ich es mir nicht mehr vorstellen kann. Solcher Art war vieles. Gelangweilt kramten knochige Finger in einem Schächtelchen voller Federn. Schwarzer, tintenbefleckter Stahl, der schon die verschiedensten Namen gezeichnet hatte. Jetzt ein leises, kicherndes Geräusch. Klick. Klick. Es erinnerte an eine Maschine. Einer nach dem anderen wurde fallen gelassen. Leise. Fast ängstlich. Die Namen. Wie eine Gemme, eingewickelt in einem Stück Seide. Wären es Götter gewesen, sie hätten für einen Augenblick über die Behutsamkeit gelächelt. Einige Schritte weiter war das

Panorama Stein. Die Gesellschaft unbeweglich in einer dunklen Landschaft gelegen. Als sei alles eine Photographie und die Sängerin nur ein Bild, auf einem Stück flammengeschwärzter Tapete, an einem Nägelchen, an einem Mauerstück, trübe flatternd im Wind. Aber es war auch nichts weniger als ein Irrtum. Konnte man angesichts des strahlenden Lichtes, anbetrachts der Geräuschstücke und -fetzen in den Ecken auch nur einen Moment Zweifel haben? Ein kurzes Klick. Ein knackendes Geräusch. Und der Einblick veränderte sich. Melancholie. Die Namen errichteten sich auf schwankendem Fuß. Kunstloses Gelächter. Zitate. Aber. Das Warten ist nur eine andere Form der Fortsetzung einer Reise. Munter knatterte der Wind in den Fähnchen. Die Türme traten auseinander und gaben die Sicht ins Endlose frei. Schwere Wogen. Die Fluten, kein Staub, kein Tintenfaß. Sondern das Meer, das seine Wellen gegen das ausgezehrte Gestade wirft. Hörte man genauer hin, so war es ein fast spöttisches Rauschen. Die Ruinen, die tintenbefleckten Gestalten. Hätten sie gewartet.

Die Idioten

Es ist besser, sagte jemand einmal, und damit habe ich genügend darauf hingewiesen, daß dieser Jemand nicht das Geringste mit mir zu tun hat, dieser Jemand also, er sagte, es sei besser, auf einem Fleck dieser Erde zu verharren und zu warten, bis man bleich und tot umfällt, dafür aber weiß, wo man steht, als, wie so mancher, rast- und ruhelos um die Erde zu eilen, um hernach sehr verwundert und zutiefst verzweifelt den einstigen Fleck, von dem er ausgegangen, nicht mehr zu finden und zu eilen und zu eilen, getrieben, gehetzt von der vermeintlichen Hoffnung, der trügerischen Illusion, diesen einstigen Fleck zu suchen und wiederfinden zu können, wovon letztendlich und allgemein ein paradiesisches Päuslein, wo nicht gar ewige Ruhe versprochen wird, was ein gut Teil der Menschheit ein weiteres Mal und wieder und wieder um die Erde treiben wird, durch Gänge und Räume, durch die Unendlichkeit der Zeit, worüber andere wiederum, die bequem auf einem Fleck verblieben sind, lachen und voll Unverständnis, wie auch könnten sie etwas ihnen gänzlich Unbekanntes verstehen, sagen, der ist ein Idiot, der niemals ein Ende finden kann, worauf ich zum Schluß noch versetzte, wie aber sollte man enden, wenn man nicht einmal einen Anfang hat?

Wald

Nach dem Wald hat die Welt ein anderes Gesicht.

Es war Winter und ich lehnte an einer Brüstung. Unter mir glitzerte ein Fluß, und über mir erhoben sich mächtige Gebäude. Von fern hörte ich Autos, aber um mich herrschte tiefe, einsame Stille.

Ich dachte an den Wald und daß ich zwischen schwarzen Stämmen gegangen war, die sich vor dem Weiß des verkrusteten Schnees scharf ins Gesicht prägten. Feuchte Stämme und Schnee. Ich ging lange Zeit. Und der Augenblick der Nacht vermischte sich mit den Nebelschwaden des Nachmittags. Wie durch ein Fenster schaute ich auf die einzelnen Lichter am Fluß, und die kalte Luft strömte durch meine Glieder.

Nachwort

Als Eberhard Bechtle 1986 im Alter von 26 Jahren starb, hinterließ er ein literarisches Werk, das zum größten Teil unveröffentlicht und nur einigen Freunden bekannt war: drei Romane, vier Theaterstücke, zahlreiche Erzählungen und Gedichte sowie rund fünfzig von ihm so benannte Mikrogeschichten. Einige seiner Texte hatte mir Eberhard, den ich während des Studiums in Berlin kennengelernt hatte, vorgelesen oder in Kopie zur Lektüre überlassen. Aber erst, als ich nach Wildbad fuhr und seinen Nachlass sichtete, wurde mir der tatsächliche Umfang seiner literarischen Produktion bewusst.

Drei Jahre nach seinem Tod veröffentlichte Michael Krüger sechs Mikrogeschichten, die ich ihm geschickt hatte, in der Literaturzeitschrift »Akzente«. Danach brachte der Marburger Verlag Basilisken-Presse eine von mir zusammengestellte Auswahl der Mikrogeschichten heraus. Das – inzwischen vergriffene – Buch kam 1991 unter dem Titel »Die Umgebung der Welt« heraus und erscheint nun im Golden Luft Verlag in einer unveränderten Neuauflage.

Eberhard Bechtle wurde am 22. Dezember 1959 geboren. Er wuchs in Wildbad im Schwarzwald auf, wo seine Eltern eine Konditorei und ein kleines Hotel betrieben. Im Alter von knapp 20 Jahren, als er sich seiner Homosexualität bereits bewusst geworden war, zog er nach Berlin und studierte dort nach einer abgebrochenen Buchhändlerlehre Literatur, Philosophie und Religionswissenschaft. Als er schon wusste, dass er Leukämie hatte, ging er 1985 nach Paris, dann nach München, wo seine Krankheit endgültig ausbrach. Es folgte eine Odyssee durch Kliniken in München, Paris und Berlin, aber auch eine Chemotherapie konnte ihn nicht mehr retten. Eberhard Bechtle starb am 30. August 1986 in Berlin. Auf seinen Wunsch hin wurde er in Sizilien begraben.

Einige seiner Mikrogeschichten, die in den Jahren 1982 bis 1985 entstanden sind, hatte er an Tageszeitungen und Literaturzeitschriften geschickt – ohne Erfolg. Die Zeit, die ihm blieb, war von »gnadenloser Endlichkeit«. Dieses Wissen war nicht der Anlass zum Schreiben, aber es hat die Physiognomie seiner Texte durchdrungen, die dabei nichts weniger als larmoyant sind – eher von einer bedrückenden Leichtigkeit, die das Gewicht dieser Texte nur um so nachhaltiger zur Wirkung bringt. Die Auseinandersetzung mit dem Tod ist in den Geschichten literarisch verarbeitet als Frage nach den Phänomenen Raum und Zeit, dem Älterwerden. Das Bewusstsein, an einer Grenze zu leben, macht den Blick frei für die Imagination einer anderen

– literarischen – Welt, in der die Naturgesetze gewissermaßen außer Kraft gesetzt oder auf den Kopf gestellt sind.

Ein Mann, der am Nil lebt, leugnet das Vergehen der Zeit und behauptet, nicht älter zu werden (»Die Zeit«). Ein anderer lebt in der Zukunft, in der der Himmel weggeschraubt ist (»Die Sage von den abgeschnittenen Ohren«). Die Riesin in der »Kurzen Biographie einer Riesin« sprengt in ihrer unvorstellbaren Größe alle Dimensionen des Raums, »aber manchmal, in Momenten der Trauer«, so heißt es, »hätte ihrem Wesen der Schatten eines Schneckenhauses gereicht.« Die Relationen sind auseinander geraten, eine grenzenlose Leere tut sich auf – die Figuren in den Mikrogeschichten sind Entwurzelte: Außenseiter, Randfiguren, a-normale Gestalten, Riesen und Zwerge, denen auf Erden nicht zu helfen ist. Aber eben weil ihnen nicht zu helfen ist, können sie manchmal die ganze Schwere von sich abwerfen, leichtfüßig und verspielt kommen sie daher, und die Texte, in denen sie sich bewegen, atmen dann eine Unbefangenheit, wie sie nur Kindern und vielleicht Narren zu eigen ist. Der Text »Die Idioten« ist ein einziger virtuoser Satz, dessen atemloser Rhythmus das Umhergetriebensein, von dem hier die Rede ist, dem Gestus der Sprache förmlich einverleibt hat. Ein »paradiesisches Päuslein« findet der Mensch nur an seinem verlorenen Ursprung; dem Umhergetriebenen ist es nicht vergönnt.

»Das Schluchzen ist die Melodie von Walsers Geschwätzigkeit« – dieses Wort Walter Benjamins über die Prosa von Robert Walser trifft auch den Kern der Mikrogeschichten, in denen das Witzige und das Traurige untrennbar verbunden sind. Auch wenn diese Geschichten alles andere als geschwätzig sind. Denn wie bei Walser ist die schwebende Leichtigkeit, mit der hier die tiefgründigsten Fragen verhandelt werden, die Frucht eines sehr ernsthaften Spiels, eines Ringens um Sprache.

In wenigen Jahren hat Eberhard Bechtle ein erzählerisches Werk geschaffen, das nicht zur Reife gelangen konnte und notwendig Fragment geblieben ist. Seine Mikrogeschichten aber sind ein literarischer Mikrokosmos von bestürzender Welthaltigkeit, in dem er ein ganzes Spektrum von Ausdrucksformen – das Lyrische und das Theatralische, das Epische und das Dramatische – auffächert und dafür einen ganz eigenen Ton gefunden hat.

Bettina Augustin

Inhalt

Die Umgebung der Welt   3

Das mißratene Märchen   4

Die Sage von den abgeschnittenen Ohren   6

Der ärgerliche Spaziergang   7

Das Kunststück   8

Der dicke Mensch   9

Das Kind   10

Das garstige Kind   11

Der Doppelkopf   12

Zukowitsch   13

Der Traum der Kröte   14

Eine seltsame Geschichte   15

Kurze Geschichte einer Erlösung   16

Der schlechte Seher   17

Der Riese im Norden   18

Kurze Biographie einer Riesin   19

Der Plan   21

Über die Menschen   24

Über die Armbanduhr   25

Die Zeit   26

Im Hotel   27

Die Ruine   28

Die Idioten   30

Wald   31

Nachwort   32

Die Tuschezeichnung auf dem Umschlag
stammt aus der Feder von Eberhard Bechtle,
dessen Nachlass im Literaturarchiv Sulzbach-Rosenberg
aufbewahrt wird.

© Golden Luft Verlag
Bettina Augustin, Goldenbrunnengasse 6, 55116 Mainz
Alle Rechte vorbehalten, 1. Auflage 2018
Gesetzt in der Arnhem
Gestaltung und Satz: Claudia Wieczorek
Lektorat: Lena Lindhoff
Druck: LAUCK Druckprodukte, Flörsheim am Main
Bindearbeiten: Johannes Schneider
Buchbinderei Gärtner-Fiederling, Mainz
Printed in Germany ISBN 978-3-9818555-5-5
www.golden-luft.de